L'ÉCHO DE VÉSONE

ET

LE PRÉFET DE LA DORDOGNE

AVANT ET DEPUIS LE 2 DÉCEMBRE.

Lettre à Monsieur le Ministre de l'Intérieur.

MONSIEUR LE MINISTRE,

Vous m'avez fait l'honneur de me dire qu'il résultait des rapports qui vous avaient été adressés, que *l'Écho de Vésone* avait, au 2 décembre 1851, fait défection à la cause napoléonienne et à celle de l'ordre, et que c'était là le motif des mesures prises contre cette feuille par le préfet de la Dordogne.

Permettez-moi, M. le Ministre, de venir protester contre ces renseignements mensongers non moins dans l'intérêt du Gouvernement, qui ne doit pas être trompé, que pour l'honneur d'un journal, dont je me regarde comme solidaire à partir du jour (20 août 1849) où la balle homicide d'un montagnard m'a enlevé mon frère, Auguste Dupont, fondateur et rédacteur de *l'Écho*.

Si les pièces qui vont passer sous vos yeux pour le besoin de ma défense devenaient contre ceux qui m'ont attaqué des pièces accusatrices, ils ne pourraient s'en prendre qu'à eux-mêmes et à l'imprudence de leurs calomnies.

Avant de parler des faits qui se rattachent au 2 décembre, il est utile d'exposer la situation de *l'Écho de Vésone* antérieurement à cette époque.

L'Écho avait été pendant vingt ans un journal d'opposition modérée. Une polémique sage et loyale lui avait attiré de nombreuses sympathies. Il avait prévu en quelque sorte les événements qu'il aurait voulu détourner. Aussi, au moment de la chute de la famille d'Orléans, avait-il acquis une immense influence dans le département, influence qui s'était traduite par près de trois mille abonnés.

La Dordogne était alors travaillée par les plus mauvaises passions ; mais, grâce à l'énergie et à la popularité du rédacteur en chef de *l'Écho*, à l'influence de sa feuille, la tranquillité publique ne fut pas un seul instant troublée.

Le rédacteur était, quelques jours plus tard, porté à l'Assemblée constituante par une immense majorité.

Rentré en 1849 dans la vie privée par suite du triomphe momentané des démocrates, qui avaient envoyé dix députés rouges à la Législative, Auguste Dupont se voua tout entier à la défense de l'ordre, et, reconnaissant que dans Louis-Napoléon, seul, était la force nécessaire pour assurer le salut de la France, il n'hésita pas, pour le soutenir, à rompre les liens qui l'unissaient au général Cavaignac. Depuis lors, il a toujours combattu l'Assemblée législative et ses tendances.

C'est au milieu de ses luttes de chaque jour qu'il fut provoqué en duel par un de ses ennemis politiques et frappé mortellement, laissant inachevée l'œuvre de civilisation qu'il avait entreprise.

Forcé par cet affreux malheur de prendre la direction de *l'Écho de Vésone*, seule fortune qu'Auguste Dupont laissait à ses quatre enfants, voici en quels termes j'annonçais, le 16 septembre, la ferme volonté de continuer à défendre les principes soutenus jusque-là par *l'Écho*, qui était le seul organe de l'ordre dans la Dordogne.

(Pièce n° 1.)   *Aux Abonnés de l'Écho de Vésone.*

Périgueux, 16 septembre 1850.

Nous recevons de divers points du département des lettres nombreuses qui, au milieu des preuves d'une touchante sympathie, manifestent quelques appréhensions sur l'avenir du journal l'*Écho de Vésone.*

Si ces craintes se bornaient à déplorer la grandeur de la perte que nous avons faite, nous, si cruellement atteint dans nos sentiments les plus chers, nous les partagerions, et nous reconnaîtrions que la mort a frappé le journal d'un coup funeste.

Les articles du fondateur de l'*Écho de Vésone* n'étaient pas seulement remarquables par le talent incontesté de l'écrivain ; ils empruntaient encore une sorte de relief à ses qualités personnelles : on les lisait avec avidité, moins pour l'éclat et l'élévation des idées que parce qu'ils émanaient d'un cœur chaud, loyal, patriotique, d'un homme toujours prêt à payer de sa personne. On apercevait, en quelque sorte, derrière chaque pensée, le citoyen courageux et populaire qui, au jour du danger, se trouvait seul, peut-être, en position de rallier les partis les plus opposés et d'organiser une résistance devenue nécessaire.

Sous tous ces rapports, Auguste Dupont ne saurait être remplacé, et c'est sans doute cette triste et générale conviction qui a fait de la mort de mon infortuné frère un événement pour la France, un deuil public pour la Dordogne......

Mais l'existence de l'*Écho de Vésone*, quelque rude que soit le coup qui vient de l'atteindre, ne saurait un seul instant être mise en question : ce journal restera.

L'*Écho de Vésone* n'est point un journal qui débute : il n'a ni programme à formuler, ni promesses à faire, ni souscripteurs à conquérir. Pour exister, il lui suffit de demeurer ce qu'il est. Le besoin d'ordre, de modération, de bon sens auquel il répond dans le département est tellement impérieux, qu'à son défaut un autre et semblable organe devrait être immédiatement créé.

Il y a quinze ans, un malheur imprévu frappa le *Courrier français*, dont j'étais l'imprimeur : le rédacteur en chef Chatelain disparut subitement, enlevé par un anévrisme au cœur ; il était au journal de Paris ce qu'Auguste Dupont était à l'*Écho de Vésone* ; le *Courrier français* n'en continua pas moins sa marche, alors progressive. Privé de l'illustre Carrel, le *National* poursuivit également sa tâche. Les hommes changent et passent ; les principes survivent et restent immuables.

Il en sera de même pour l'*Écho de Vésone*.

Les articles publiés depuis la fatale journée du 20 août ont prouvé que rien n'était changé dans l'esprit du journal, et que celui qui, pendant plusieurs années, avait partagé la collaboration du rédacteur en chef, savait s'inspirer de la même pensée.

D'autres plumes viendront aider à l'accomplissement d'une tâche trop pénible pour une seule main. Déjà nous sommes en rapport avec des hommes éprouvés, expérimentés dans les luttes politiques. Nous ne serons arrêté par aucun sacrifice, et si nous tardons à conclure, c'est afin d'arriver au choix le meilleur et le plus capable de maintenir l'*Écho de Vésone* à la hauteur où il s'est élevé.

Que les amis de cette feuille se rassurent donc entièrement. Rien ne sera changé dans la marche et aux principes du journal. Le sillon si profondément tracé par son fondateur sera poursuivi sans déviation, nous en prenons l'engagement.

Après avoir beaucoup fait pour l'industrie comme pour la politique, au point de vue général, Auguste Dupont a constamment oublié ses intérêts particuliers. Apportant, dans toutes ses négociations des idées chevaleresques d'honneur et d'abnégation de soi-même, il travaillait, depuis longues années, à liquider de ses propres deniers une société formée sous ses auspices, dont la loi ni la plus stricte morale ne le rendaient responsable. Après un nom honorable et respecté, il ne laisse en héritage à ses enfants que l'*Écho de Vésone*, fruit de son intelligence et de son activité.

Obligé par la nature, et encore plus par mon affection, à conserver cet héritage aux orphelins qui lui survivent, je le leur rendrai tel qu'ils l'auraient reçu plus tard de celui qui en fut le créateur. Rien jusque-là ne sera changé, je le répète, dans la rédaction, dans les tendances, dans la ligne politique du journal. J'ajouterai que, même au delà de ce terme, ses principes subsisteront encore; car son jeune fils, mûri par le malheur, marchera dans la même voie et saura tenir un jour, d'une main ferme, un drapeau que le sang a rendu plus sacré pour sa piété filiale.

L'œuvre de moralisation et de patriotisme, commencée par mon digne et malheureux frère, sera donc continuée dans toute sa pureté. Cet engagement pris par un homme qui, dans une carrière commerciale de vingt-cinq années, n'a jamais manqué à sa parole, suffira, je l'espère, pour dissiper des craintes bien naturelles, mais sans fondement, comme l'avenir le démontrera.

Paul Dupont.

Ces mêmes principes, qui n'ont jamais cessé d'être ceux de l'*Écho*, se retrouvent dans les lignes par lesquelles je prévenais les lecteurs du choix que je venais de faire d'un rédacteur en chef.

(Pièce n° 2.)

Le choix du nouveau rédacteur de l'*Echo* est fait. Il s'est arrêté sur M. Isidore Vien, rédacteur en chef du *Courrier de la Drôme et de l'Ardèche*. M. Vien entrera en fonctions le 15 janvier prochain.

A ne considérer dans un homme politique que sa valeur personnelle, M. Vien serait déjà digne de la confiance que nous lui avons accordée; mais en présence de la responsabilité délicate qui va désormais peser sur lui, nous éprouvons le besoin de faire connaître aux lecteurs de l'*Echo*, des antécédents qui doivent être une sorte de garantie de ses opinions, de ses paroles, et de ses actes à venir.

M. Vien est un enfant du Midi; il est presque notre compatriote. Soldat de la presse depuis quinze années, il travailla successivement à la rédaction des *Débats*, de *La Patrie* et de *La Presse* jusqu'en 1848, époque où il fut appelé à fonder le *Courrier de la Drôme et de l'Ardèche*, par les hommes les plus considérables de ces deux départements (1). Sous l'habile et intelligente direction de M. Vien, le *Courrier de la Drôme* eut un brillant succès, et prit bientôt place au premier rang parmi les feuilles si nombreuses de la presse périodique départementale. M. Vien y défendit de la plume et de l'épée (triste nécessité au temps où nous vivons, pour tous les organes du bon sens et de la vérité!) les principes d'ordre et de sage liberté. Dans ces contrées peuplées d'esprits ardents, et où vient tout récemment d'être ourdi un complot insensé, il sut allier le courage à la prudence, la modération à la fermeté.

Voilà celui à qui nous avons confié, parce que nous étions assuré qu'il n'en répudierait aucune partie, l'héritage d'Auguste Dupont, et le soin de maintenir l'*Echo de Vésone* dans la voie que lui avait tracée son fondateur.

Si le journalisme a perdu quelquefois de sa considération, si on le regarde souvent comme un danger, c'est alors qu'abusant de son influence, il accrédite sciemment l'erreur,

_____

(1) Dans le nombre se trouvaient 28 membres du Conseil général de la Drôme, sur les 36 qui le composent.

n'écoute que ses propres intérêts, et flatte ou violente tour à tour l'opinion au gré des passions et du parti qu'il veut servir.

Au contraire, le journalisme qui se respecte et comprend sa haute mission, est un honneur et un bienfait pour le pays. Si ses antécédents sont purs; si, loin de se relâcher et de faiblir, ses principes ne font que se fortifier dans la lutte; si, placé au-dessus des partis et tout en respectant les convictions sincères qui lui sont opposées, il n'emploie l'autorité de sa parole que pour rallier les esprits dans un amour commun de la patrie, sentiment qui doit dominer tous les autres; si, aux dépens de ses propres intérêts, il frappe les abus partout où ils se trouvent; enfin, si, sans ambition pour lui, ni pour ses amis, il demeure, au milieu même des révolutions, un gage inaliénable d'ordre et de patriotisme, un appui pour les gens de bien, une sentinelle vigilante des intérêts de tous...; sa tâche alors devient une mission sainte et sacrée qui lui assure les sympathies de tous les hommes de cœur et d'indépendance, c'est-à-dire la majorité du pays. Le journalisme ainsi compris s'élève à la hauteur d'une véritable institution publique.

Tel a été l'*Echo de Vésone*, sous la direction du publiciste honnête homme, qui en était l'âme et la vie; tel il est demeuré depuis quatre mois dans les mains de M. Eugène Massoubre, son collaborateur et son élève, qui a courageusement accepté et rempli la difficile tâche que le sort lui avait léguée si prématurément!

Aussi, n'avons-nous pas songé un instant à nous séparer de cette feuille, même au moment où notre immense douleur pouvait faire douter de l'énergie de nos résolutions. La famille, unanime sur ce point, n'a pas même calculé ce que pouvait avoir d'avantageux pour elle les propositions qui lui arrivaient de toutes parts; uniquement mue par des pensées d'un ordre plus élevé; considérant que l'abandon, sous un prétexte quelconque, du principal organe de l'ordre dans la Dordogne, serait une injure à la mémoire d'Auguste Dupont et une atteinte aux intérêts généraux du département, elle n'a pas même voulu, par une sorte d'hésitation, donner lieu à une imputation qui eût été non moins offensante pour son patriotisme que pour sa piété filiale.

L'*Echo*, en ne changeant ni de principes, ni de propriétaires, aura d'ailleurs un double mérite : d'une part, il justifiera les sympathies qui l'ont accueilli et lui sont restées fidèles au milieu du plus grand malheur qui pût le frapper, en ne lui faisant pas perdre un seul abonné; de l'autre, il donnera un exemple de constance trop rarement suivi dans notre France à laquelle il ne manque, pour être la première nation du monde, que plus de persévérance et de stabilité.

Paul Dupont.

Les regrets causés par la mort d'Auguste Dupont, l'importance de l'*Echo de Vésone* et de la mission du rédacteur en chef qui allait en prendre la direction étaient reconnus, constatés par les lettres unanimes qui m'arrivaient de tous les points du département. Je citerai seulement dans le nombre celles de M. de Calvimont, préfet, et de M. Magne, alors député.

(Pièce nᵘ 3.)   *A M. Paul Dupont.*

29 août 18˒0.

.̇.̇.̇.̇.̇.̇. Je suis heureux de vous savoir à Périgueux pour la réorganisation du journal. L'influence qu'il exerce n'est pas une chose qui puisse s'acquérir en un jour; tout le parti de l'ordre a intérêt à ne pas le laisser perdre. Le choix d'un rédacteur en chef est, comme vous le dites, une œuvre délicate et difficile; vous aurez raison d'agir avec réflexion avant de vous prononcer, je vous aiderai de mon mieux.

MAGNE.

(Pièce n° 4.)   *A M. Paul Dupont.*

9 septembre 1850.

Votre douleur, mon cher ami, est et sera toujours la mienne. Le souvenir d'Auguste me restera tant que je vivrai, et je ne chercherai pas à l'écarter comme une triste pensée; je le garderai parce qu'il me fait du bien.

L'Echo, comme vous le dites, n'est pas seulement une œuvre utile au département: c'est une fortune pour ces pauvres enfants sans père. Je vous jure que si je n'étais pas rentré dans l'administration et que vous m'eussiez cru bon pour de si chers intérêts, je me serais mis sans réserves à cette besogne.

Vous n'avez point besoin de mes conseils, assurément. Votre intelligence si nette et si claire est la meilleure lumière qui puisse éclairer cette situation. C'est mon affection seule qui intervient, et, à ce titre, je suis sûr d'être bien accueilli.

DE CALVIMONT.

(Pièce n° 5.)   24 septembre 1850.

.̇.̇.̇.̇.̇.̇ Tout ce que vous avez dit *dans l'Echo* est parfait, et a produit ici le meilleur résultat. On s'intéresse vivement à cette œuvre, tous les hommes d'ordre se regardent *comme solidaires de sa prospérité.*

DE CALVIMONT.

Le nouveau rédacteur ne s'écarta point un instant de la voie tracée si honorablement par son infortuné prédécesseur. Il suffit, pour s'en convaincre, de jeter les yeux sur les numéros de l'*Echo* parus en 1851.

Dans le cours de cette année, quatre grandes questions ont surgi pour le journal :

1° La dotation ;

2° La révision de la Contitution ;

3° La nomination de M. Magne, ministre de Louis-Napoléon, qui avait échoué aux précédentes élections ;

4° Le droit de réquisition.

Sur toutes les questions politiques, l'*Echo* n'hésite pas à se prononcer pour le Président, et contre l'Assemblée.

C'est ce qui résulte de chaque page, de chaque ligne des numéros du journal.

La *dotation* défendue énergiquement succombe ; l'*Echo* propose de la remplacer par une *souscription nationale*. Et après le refus du Président, il en demande la continuation pour le produit en être appliqué à l'achat de la Malmaison comme protestation contre le refus de l'Assemblée.

La *Révision* est prêchée avec dévouement depuis le 21 février jusqu'au 2 décembre 1851. C'est l'*Echo* qui donne à tous les départements du midi le signal des pétitions révisionnistes ; il les reçoit, les expédie à ses frais. Près de 500 communes dans le seul département de la Dordogne répondent à son appel.

L'*élection de M. Magne* est soutenue avec non moins de succès. Tous les efforts des diverses oppositions s'étaient réunis pour l'empêcher. Les difficultés étaient telles que le Préfet lui-même, perdant tout espoir, avait écrit au Ministre de l'intérieur qu'il fallait retirer cette candidature. L'*Echo* seul persévère ; il s'adresse à l'un des plus redoutables concurrents (1), invoque les relations qui l'unissent avec l'*Echo*, et obtient le désistement d'une candidature qui allait probablement, en divisant les voix, faire manquer l'élection. M. Magne est nommé par 44,000 suffrages.

Le *droit de réquisition* est attaqué avec une véhémence extrême, comme le premier pas qui devait mener à une Convention. L'*Echo* reproche aux 300 conservateurs, dans les termes les plus énergiques, d'avoir voté pour *le désordre* et *la guerre civile*. Il applaudit à la défaite des parlementaires, dont il n'a cessé d'attaquer les manœuvres déloyales et dont il engageait le Président à se DÉBARRASSER, dès le 28 janvier 1851.

Seul peut-être, entre toutes les feuilles politiques, l'*Echo* avait en

---

(1) M. Dussolier, ancien député, ancien constituant.

quelque sorte prévu et préparé l'acte du 2 décembre. On en jugera par les passages suivants :

(Pièce n° 6.)   *Echo* du 28 janvier 1851.

Si un troisième vote renverse encore une fois son ministère, ce sera pour le Président une *magnifique occasion de* s'affranchir solennellement *d'une souveraineté parlementaire,* que la responsabilité personnelle et constitutionnelle du chef de l'État rend complètement absurde. Mais, comme lors du message du 31 octobre, il faut saisir la balle au bond, agir vivement et avec résolution, sans hésiter ni tergiverser une demi-seconde.

(Pièce n° 7.)   *Echo* du 1er février 1851.

Le pouvoir exécutif ne doit pas être le très-humble valet, non du peuple souverain, mais d'une poignée de hâbleurs plus ou moins habiles et retors, qui s'intitulent la *souveraineté parlementaire.*

Lorsqu'arrive la proposition des questeurs, l'*Echo* s'empresse de la combattre et adjure l'Assemblée de la rejeter.

(Pièce n° 8).   *Echo* du 27 novembre 1851.

.... Non, l'Assemblée n'adoptera pas une proposition imprudente et dangereuse, qui, sous prétexte de prémunir le pouvoir législatif contre des fantômes de coups d'État, ne tend réellement qu'à détruire l'autorité du Président, et à organiser une nouvelle Convention, en dépouillant le neveu de l'Empereur des droits que six millions d'électeurs lui ont conférés au nom de la France.

Quelques jours après, il ne se montre pas moins ferme, moins énergique contre ce droit de réquisition qui menace de désorganiser le pouvoir exécutif.

(Pièce n° 9.)   *Echo* du 20 novembre 1851.

Aussi, le grand danger du moment, c'est moins les passions populaires qui menacent l'ordre social que les dangereuses excitations, les funestes exemples de division et d'anarchie que donne chaque jour l'Assemblée. Les esprits routiniers des anciens partis se vantent d'être les seuls amis de l'ordre, lorsqu'en réalité ils rendent l'ordre à peu près impossible.

Au lieu de reconstituer la force sympathique et morale qui, du sommet de l'État, doit être l'âme et la vitalité de tout gouvernement libre, ils travaillent constamment à dépouiller la force sociale de ses derniers attributs, de sa dernière influence, pour transporter, en les éparpillant, tous les éléments du pouvoir entre les mains de quelques proconsuls, n'ayant aucune pensée commune, et flottant sans cesse entre les imitations et les mauvaises passions de l'ignorance. C'est ce que ces insensés appellent sauvegarder les droits de la représentation nationale.

La proposition des questeurs est rejetée, l'*Echo* applaudit de toutes ses forces à ce vote, mais il blâme vertement les prétendus 300 conservateurs qui ont voté pour le désordre et la guerre civile.

(Pièce n° 10.)   *Echo* du 21 novembre 1851.

Le gouvernement de Louis-Napoléon a été abandonné, trahi par trois cents membres de l'ancienne majorité.

Dans le fait, de ces trois cents conservateurs, qui, au lieu de voter pour l'ordre et la paix publique, ont voté pour le désordre et la guerre civile, nous voyons le plus effrayant symptôme, le plus sinistre avant-coureur des terribles épreuves que nous promet 1852.

Lorsque le projet de loi sur la responsabilité du chef de l'Etat s'est présenté, projet qu'il considère comme un prétexte pour revenir sur le vote du 17 novembre, relatif à la réquisition directe, il le combat vigoureusement.

(Pièce n° 11.)   *Echo*, 25 novembre 1851.

Nous l'avons dit hier, et notre correspondance particulière d'aujourd'hui ne fait que le confirmer : la loi sur la responsabilité du pouvoir exécutif n'est qu'un prétexte pour faire revenir l'Assemblée sur le vote du 17 novembre, relatif à la réquisition directe.

Or l'Assemblée, comme pour révéler d'avance à la France sa pensée intime et réelle sur le projet en question, a nommé une commission entièrement composée de membres notoirement connus comme hostiles au Président.

Le pays, dont 1,700,000 pétitionnaires et les votes de l'immense majorité des conseils du pays ont, depuis longtemps, révélé les préférences, jugera sévèrement cette nouvelle provocation de l'Assemblée nationale au Président Louis-Napoléon.

Nous disions tout à l'heure que la composition de la commission chargée d'examiner le projet de loi sur la responsabilité des agents du pouvoir exécutif était une nouvelle provocation à l'adresse du premier magistrat de la République. Mais ce n'est pas seulement une provocation, c'est une émeute, c'est une véritable déclaration de guerre contre le Président de la République.

Trois jours avant le 2 décembre, comme par une sorte d'intuition, il reproche à l'Assemblée ses actes d'hostilité contre le Président, l'engageant fortement à cesser cette guerre de scrutins et de votes, de motions et de propositions contre l'élu du pays.

(Pièce n° 12.)   *Echo,* 1ᵉʳ novembre 1851.

C'est pourquoi je crois faire une bonne action en m'élevant avec hardiesse contre les incompréhensibles actes d'hostilité de l'Assemblée contre le Président, et envers les attaques que des feuilles, bien intentionnées sans doute, mais mal inspirées, dirigent chaque jour contre la dernière autorité restée debout, contre le pouvoir sorti des entrailles du peuple par l'acclamation solennelle de six millions de citoyens.

Cessez donc votre guerre de scrutins, de votes, de motions et de propositions contre l'élu du pays. Pour le moment, détournez vos yeux de ce qu'il fait, et ne perdez pas de vue la joie que votre étrange conduite cause à vos nouveaux alliés, les Marc Dufraisse, les Miot, les Malardier, et à tous les ennemis de la société.

Loin d'entraver le pouvoir par de coupables hostilités, nous ne saurions trop, vous et nous, nous grouper autour de lui.

Enfin, la veille du jour où la nouvelle du coup d'Etat arrivait à Périgueux, il continuait à demander avec ardeur la révision de la Constitution, et il adressait à l'Assemblée ce dernier avertissement.

(Pièce n° 13.)   *Echo,* 2 novembre 1851.

Que l'Assemblée législative y songe : elle ne meurt de marasme et d'épuisement que pour n'avoir pas compris cette question capitale de la révision de la Constitution, qui porte dans ses flancs la vie ou la mort de la France. Elle n'est tombée dans le discrédit et dans le mépris que parce qu'elle a méconnu la grande voix du pays, la voix de Paris et des départements, formulée par les pétitions de dix-sept cent mille citoyens et de quatre-vingts conseils généraux.

La minorité osera-t-elle résister encore à ce cri d'angoisse poussé par la nation entière ? Osera-t-elle, en vue d'intérêts secondaires et de parti, exposer la France à de nouveaux orages et aux horreurs de la guerre civile ? Faut-il que de nouvelles victimes viennent payer de leur sang et de leur vie la révision du pacte fondamental sur lequel chancelle l'édifice social de la France ?

Telle a été l'énergique conduite de *l'Echo* avant le 2 décembre.

Entre un journal aussi dévoué et un Préfet qui n'avait eu avec ses rédacteurs et ses propriétaires que de bonnes relations, pourquoi y a-t-il eu désaccord et rupture ? Pourquoi cette faute si grave, au point de vue d'un habile administrateur, de persécuter, et, par suite, d'aliéner au gouvernement des hommes qui lui avaient rendu de tels services ?

Faut-il en chercher la cause dans la position exceptionnelle du Préfet ?

Légitimiste de naissance et il paraît aussi par conviction (1), cóndamné à la prison pour injure contre Louis-Philippe, puis sous-préfet rallié à ce même monarque, enfin préfet de la République dans le département même où il est né, et où il avait été tour à tour rédacteur de journaux de diverses couleurs, sa position était-elle trop difficile pour être franche et nette?

L'influence de l'*Echo*, qui n'avait aucun passé à se faire pardonner, semblait-elle au contraire trop redoutable, et voulait-on annuler cette influence?.... Que ce soient là les véritables motifs, ou qu'il y en ait eu d'autres moins honorables encore, toujours est-il qu'à partir de ce jour la haine et les persécutions du Préfet contre l'*Echo* et ses propriétaires vont se manifester dans tous ses actes.

Il débute en attaquant le rédacteur en chef, qu'il ne peut souffrir, et contre lequel, dès le mois d'octobre 1851, une guerre occulte est déclarée, et continuée, jusqu'au jour où il sera parvenu à le faire éloigner.

On jugera par les extraits suivants de sa correspondance de l'acharnement qu'il met à le poursuivre.

(Pièce n° 14.) *A M. Paul Dupont.*

5 octobre 1851.

Comme toujours, M. Vien m'assassine de visites depuis ce matin : j'ai toujours fait dire que je n'y étais pas.

(Pièce n° 15.) 8 octobre 1851.

J'ai beaucoup causé avec M. Magne de l'*Echo* et de M. Vien. Un sentiment de gratitude très-vif et très-honorable alarmait le ministre sur cette rupture. Je lui ai parlé en de tels termes qu'il est aujourd'hui *tout habitué à cette idée.*

(Pièce n° 16.) 25 octobre 1851.

M. Vien vint me voir après votre départ et me conter qu'il était décidé à s'en aller, mais que vous l'aviez prié de rester et qu'il resterait en effet jusqu'après les élections.

Je n'ai pas cru un mot de son histoire, le connaissant aussi bien que vous.

Il importe cependant que vous preniez un parti. Les créanciers s'apaisent. Vous n'en finirez jamais à l'amiable.

(1) « J'ai l'honneur d'être à Paris un des sept chefs de la presse royaliste. » (Lettre M. de Calvimont du 18 juillet 1836, dans laquelle il appelle en duel tous ceux qui pourraient mettre en doute ses principes légitimistes.)

L'*Écho* est en panne dans ce moment-ci ; mais il faudra bien qu'il sorte de l'expectative. Les élections vont arriver. Que voulez-vous que je fasse, si le journal ne fait pas en même temps que moi, et je ne puis agir avec l'*Écho*, tel qu'il est? Je n'ai pas de confiance.

Je suis sûr que nous aurons les élections avant janvier. Je dois m'en occuper avant le terme, car la démagogie bouleverse mon département pour ses candidats, et cependant j'ai les bras liés tant que je ne suis pas sûr de mon auxiliaire naturel.

Croyez-moi, finissez-en à dater du 1er novembre; vous ne pourrez jamais vous dépétrer autrement d'un état intolérable pour tous.

(Pièce n° 17.)   8 novembre 1851.

Notre homme fait toujours des sottises ici.— Hier il m'a écrit la lettre que je joins ici —Je lui ai fait répondre par mon secrétaire. — Une autre fois, je ne répondrai pas du tout..... Délivrez-nous de ce Pasquin le plus tôt possible.

(Pièce n° 18.)   13 novembre 1851.

Je ne puis m'entendre avec l'*Echo* tant que M. Vien sera là. — Si vous ne lui coupez pas les vivres, il ne s'en ira jamais.

Pour hâter ma détermination, M. de Calvimont n'hésita pas à me mettre moi-même en cause, en cherchant à me persuader que j'étais personnellement l'objet des calomnies de M. Vien.

(Pièce n° 19.)   24 novembre 1851.

La déconsidération de M. Vien rejaillira tôt ou tard sur nous tous.

Vous savez l'algarade qu'il a faite à M. Magne qui en a été naturellement et très légitimement mécontent. C'est une tête à l'envers à qui il ne faut pas confier d'armes a feu. Il tire sur ses camarades de chasse comme sur la bête fauve.

Je ne sais si vous avez été informé de l'opposition que rencontrait à Nontron le *Journal du Dimanche*. On prétendait que vous aviez donné pour consigne à M. Vien d'être plus calme désormais, afin de vous laisser la possibilité de passer aux rouges s'ils venaient jamais à triompher. On citait une lettre de vous, écrite dans ce sens.

Je répondis au sous-préfet en termes rassurants, comme vous pouvez penser, repoussant l'histoire, véritable diffamation. Mais j'ai voulu avoir le cœur net de cette affaire, et m'en suis expliqué avec M. M......, l'un des hommes les plus marquants de la ville. Celui-ci m'a répondu qu'en effet cette opinion s'était répandue, et qu'elle venait de renseignements puisés à Montignac par son beau-frère, qui les tenait de M. D....., lequel les tenait lui-même de qui? *de M. Vien!*

Enfin, pour faire cesser mes hésitations, M. de Calvimont poussa son opposition jusqu'à fermer la porte de ses bureaux à M. Vien!

à ce rédacteur qui ne pouvait à coup sûr être coupable que d'un excès de zèle.

Il fallut céder : je me décidai à renvoyer mon rédacteur.

Une seconde contestation s'éleva entre nous à la suite de celle-là. Il s'agissait de remplacer le rédacteur en chef, et M. de Calvimont me proposait un de ses amis. Les choses ne purent s'arranger.

Il me paraissait grave de confier à un homme trop avant dans l'intimité du préfet, un journal dont l'indépendance avait toujours été complète, et qui, par cette indépendance même, avait été appelé à exercer une plus haute influence, et, par suite, à rendre de plus grands services.

Ce refus fut le signal des persécutions dont l'*Echo* va être frappé à son tour.

Mais je dois auparavant, Monsieur le Ministre, vous faire connaître la conduite de cette feuille et celle du Préfet après le **2** décembre.

Le **3**, arrive à Périgueux la dépêche télégraphique qui annonçait les événements de la veille.

M. de Calvimont publie la proclamation suivante :

(Pièce n° 20.)   Périgueux, hôtel de la préfecture, le 3 décembre 1851.

Habitants de la Dordogne !

La nouvelle qui précède ne doit inspirer aucune inquiétude.

Ce n'est pas une révolution, c'est un appel à la France.

La nation tout entière, invitée à faire connaître sa volonté, décidera elle-même de ses destinées.

Plein de confiance dans la sagesse du pays, le Président de la République, en prenant cette mesure énergique, a mis fin à l'anxiété qui préoccupait si douloureusement tous les esprits ; il nous a préservés d'une révolution imminente.

Les départements, comme Paris, accueilleront avec une pleine sécurité ce grand fait politique qui, *en maintenant la République*, annule d'un mot toutes les divisions des partis.

Que tous les bons citoyens se rassurent donc, l'autorité veille ; elle agirait au besoin, avec énergie, contre les perturbateurs, s'il pouvait y en avoir. Elle fera respecter partout l'ordre et la loi ; elle est investie pour cela de tous les pouvoirs nécessaires.

Le Préfet de la Dordogne,

Signé A. DE CALVIMONT.

Cette froide et terne proclamation paraît à une heure avancée de la journée, et alors que les habitants de la campagne (c'était un jour de marché) avaient déjà manifesté leur enthousiasme pour Napoléon. Le Préfet pousse la prudence jusqu'à ne pas dire un mot de l'Assemblée qui vient d'être frappée, et qui pouvait, en effet, se reconstituer et se défendre. Il se borne à exprimer l'ESPOIR que les départements accueilleront AVEC SÉCURITÉ ce grand fait politique, pour lequel il ne trouve d'autre qualification que celle de *mesure énergique*.

L'*Echo*, de son côté, lui qui n'a rien à ménager, prépare la proclamation suivante, dont les épreuves sont envoyées à la préfecture.

(Pièce n° 21.)   Périgueux, le 3 décembre 1851.

Concitoyens de la Dordogne.

Louis-Napoléon Bonaparte, le neveu de votre glorieux Empereur, fait un appel à votre sincère amour de l'ordre et des libertés nationales.

Cet appel, je n'en doute pas, sera entendu. Les cent mille suffrages que vous avez donnés au Président de la République, il y a trois ans, me sont une garantie certaine de l'unanimité qu'il obtiendra dans quelques jours.

La Constitution était vicieuse ; elle tuait la France. Elle ne nous a donné que des inquiétudes et des misères. Pour réparer les unes et prévenir les autres, le pays tout entier, répondant à un cri parti de l'*Echo de Vésone*, avait demandé la révision légale et pacifique de cette charte informe. Mais l'Assemblée divisée, morcelée en infimes et misérables coteries, avait obstinément et systématiquement refusé d'entendre ce vœu unanime de la nation souveraine.

Concitoyens de la Dordogne !

C'est le 2 décembre, le jour anniversaire de la glorieuse victoire d'Austerlitz, que le neveu de l'Empereur fait un appel à la France. C'est un heureux augure de la victoire que vous allez remporter ensemble sur les ennemis de l'ordre et les partisans de l'anarchie, sous quelque drapeau qu'ils se cachent.

Vive la France !

Vive la République !

Vive Louis-Napoléon !

Isidore VIEN.

Cette vigoureuse proclamation formait sans doute un trop grand contraste avec la proclamation du Préfet. Aussi, celui-ci refuse-t-il d'en autoriser l'insertion et va jusqu'à menacer de faire mettre le rédacteur *en prison* s'il persistait à la publier. Le rédacteur forcé de céder la remplace par quelques lignes, qui n'étaient qu'un reflet de sa pensée première, et qu'on imprime sans les soumettre au préfet, dans la crainte qu'il ne les défendît encore.

(Pièce n° 22.)   *Echo*, 3 décembre 1852.

Dans les circonstances difficiles où se trouvait le pays devant *une Assemblée notoirement impuissante ou hostile*, le Président de la République n'a pris *conseil que de son patriotisme*. SALUS POPULI, SUPREMA LEX.

Cette simple phrase, j'en appelle à tout homme impartial, n'en dit-elle pas plus, à elle seule, que toute la proclamation embarrassée du Préfet?

Et c'est le journal qu'on osera bientôt accuser de tiédeur !

Du 4 au 6, *l'Écho* continue de publier des articles de fond. Mais ils paraissent encore trop forts à M. de Calvimont, car il signifie à *l'Écho* l'ordre officiel de ne plus *rien imprimer* qui n'eût été soumis à son approbation.

Lettre du préfet soumettant l'Echo à la censure.

(Pièce n° 23.)   Périgueux, le 6 décembre.

En vertu des instructions du Gouvernement, aucun journal ne paraîtra jusqu'à nouvel ordre dans le département sans mon autorisation, et les épreuves des journaux dont la publication sera permise devront toujours être soumises à mon visa.

Je m'empresse de vous informer de ces dispositions, afin que vous puissiez vous y conformer en ce qui vous concerne.

Pour le Préfet,

Le conseiller de préfecture,

AUMASSIP.

Cet ordre me fut signalé par le nouveau rédacteur en chef de *l'Écho*, dans la lettre suivante :

(Pièce n° 24.)   *Lettre du rédacteur de* l'Echo.

Périgueux, 7 décembre 1851.

M. de Calvimont nous a fait écrire par M. Aumassip que, désormais, les épreuves du journal devront lui être communiquées avant l'impression. Je vous envoie copie de la lettre que nous avons reçue dans la soirée d'hier. J'aurais voulu la publier dans *l'Echo*, mais M. Aumassip m'a prié d'attendre l'arrivée de M. de Calvimont, qui n'est pas encore rentré de Bergerac, et qui arrivera probablement ce soir. Depuis l'Empire, on n'avait pas vu d'exemple d'une semblable persécution contre la presse.

Les abonnements vont aussi bien qu'on puisse le désirer : hier 50; aujourd'hui 40; demain et après-demain probablement autant. Je crois qu'avant peu nous atteindrons le chiffre de 2,000.

Le Préfet me fait dire à l'instant (sept heures et demie) qu'il est arrivé. Je vais aller à la Préfecture pour avoir avec lui une explication au sujet de la lettre de M. Aumassip. Si j'ai le temps de vous rendre compte de mon entrevue avec le Préfet, je le ferai par un mot jeté à la poste.

Qu'une semblable mesure eût été appliquée à une publication hostile, on le concevrait aisément ; mais traiter avec cette rigueur une feuille amie, la plus dévouée entre toutes les feuilles du département, c'était, il faut en convenir, une injure purement gratuite. C'était aussi le premier acte d'une odieuse intrigue, dont on va voir se dévoiler successivement tous les ressorts.

Le Préfet ne se borne point à cet acte de persécution ; il va plus loin encore : pour donner un tort apparent à l'*Echo*, il l'engage *amicalement* à ne publier aucun article politique pendant le temps que durera la censure :

(Pièce n° 25.)   *Lettre du rédacteur.*

Périgueux, le 10 décembre 1851.

J'ai vu M. de Calvimont, et j'ai cru comprendre que, sous sa protestation de dévouement à *l'Echo*, il pourrait bien y avoir quelque arrière-pensée. *Les blancs sont toujours blancs.* M. de Calvimont m'a parfaitement reçu ; il m'a dit combien il regrettait la mesure que le Gouvernement l'avait *forcé* de prendre ; *mais* il a refusé de laisser insérer la lettre qu'il avait fait écrire par M. Aumassip, et que j'avais fait suivre de quelques lignes que je crois très-modérées. Timide comme il l'est, voulant ménager la chèvre et le chou, il n'a pas voulu qu'on sût que lui, ancien journaliste, rétablissait la censure dans le département. Il m'avait cependant permis d'écrire un article pour annoncer la situation exceptionnelle de la presse *dans toute la France.* Cet article, je l'ai fait. Il me l'a supprimé, en *m'en envoyant lui-même un tout préparé* que je conserve pour vous le montrer. L'intérêt et l'avenir politique du journal, ma propre dignité de journaliste ne m'ont pas permis de l'accepter. Enfin, nous sommes tombés d'accord sur celui que vous avez vu en tête de *l'Echo* d'hier. Les divers pourparlers qui ont eu lieu entre M. de Calvimont et moi au sujet de cette affaire n'ont en rien modifié nos rapports ; mais, je vous le répète, je n'ai pu éloigner de moi l'idée que M. de Calvimont n'a pas *pour* l'Echo *tout le dévouement qu'il affecte.*

Quant à la situation qui nous est faite par M. de Calvimont, il faut la subir. J'oubliais de vous dire que M. de Calvimont m'a prié de ne publier aucun article de fond pendant le temps que durera la mesure. Il m'a fait appeler cependant ce matin pour me dire ceci : *J'espère que vous pourrez reprendre votre plume avant peu, car je crois que l'ordre du Ministre ne tardera pas à être levé.*

Ainsi, pour colorer sa conduite, le préfet prétend qu'il n'a agi que par ordre du Gouvernement, lequel l'*aurait forcé* à censurer l'*Écho*, rejetant ainsi sur le ministère la rigueur d'une telle mesure. Il refuse même de laisser insérer la lettre qu'il a écrite pour signifier cette censure... Enfin, il PRIE le rédacteur de ne publier provisoirement aucun article, et dans son empressement il va jusqu'à rédiger un avis explicatif du silence que le journal gardera par son ordre, et dans lequel il dit que l'*Echo* se bornera à *faire de l'histoire, à enregistrer les événements de chaque jour.*

Voici cet écrit étrange et fort important, tout entier de la main de M. de Calvimont, et destiné à annoncer les motifs qui obligeaient l'*Echo* à garder le silence.

(Pièce n° 26.)

La situation de la presse, en province et à Paris, est exceptionnelle, comme le temps où nous sommes. Cette situation sera, nous l'espérons, de courte durée. L'ordre et la sécurité générale étant consolidés, la vie publique reprendra son cours normal; le Gouvernement rentrera dans sa force régulière, la presse retrouvera toute sa liberté.

Jusqu'à ce moment, que nous appelons de nos vœux, dans l'intérêt du Pouvoir qui veut assurer sans entraves le salut de la société, comme dans l'intérêt du journalisme loyal qui n'a jamais fait qu'avertir sans détruire, *nous nous bornerons à faire de l'histoire, à enregistrer les événements de chaque jour.*

Nous sommes en mesure d'être promptement et sûrement informés.

Encore une fois, nous avons l'assurance que cette situation ne sera que momentanée.

Cet article qui, nous le répétons, est écrit tout entier de la main de M. Calvimont, porte en marge ces mots : *Permis d'imprimer.*

On le voit, non-seulement le préfet impose à l'*Echo* le SILENCE, mais il va jusqu'à prescrire lui-même les termes dans lesquels ce silence devra être annoncé aux lecteurs.

Le rédacteur en chef ne voulut point accepter cette humiliation. Il refusa l'insertion de cette note dans l'intérêt de sa dignité et de celle du journal.

Du 9 au 11 il ne publie donc, pour se conformer à l'ordre qu'il a reçu, que les faits extraits des autres journaux et sans réflexions.

Enfin, ne pouvant subir plus longtemps cette oppression, sans protester, il se rend chez M. de Calvimont et obtient de lui la levée de l'ordre de ne plus écrire ni publier des articles de fond.

Voici copie des deux lettres par lesquelles il m'a été rendu compte de la nouvelle conférence qui avait eu lieu entre mon neveu, le Préfet et le rédacteur de l'*Echo*.

(Pièce n° 27.)   *Lettre du Rédacteur.*

Périgueux, le 11 décembre 1851.

La situation que voulait nous faire M. de Calvimont, en nous obligeant de lui communiquer les épreuves du journal et en nous *invitant à ne plus écrire d'articles de fond* n'était pas tenable. J'ai voulu avoir avec lui, aujourd'hui, une explication franche. M. Dameron et moi, nous sommes rendus à la préfecture. Après avoir dit à M. de Calvimont que la conversation que nous allions avoir serait écrite par moi à ma sortie de la préfecture, je lui ai demandé si les ordres qu'il avait reçus du ministère étaient tellement sévères, qu'ils dussent s'étendre *jusqu'aux journaux défendant le Gouvernement, comme* l'Écho de Vésone. Il m'a répondu avec embarras que cela s'était fait en son absence, qu'il le regrettait; qu'à la place de M. Aumassip, il m'aurait fait appeler confidentiellement, etc., etc. (*J'ai la certitude* que la lettre signée par M. Aumassip a été écrite par M. de Calvimont pendant son séjour à Bergerac, puis envoyée à Périgueux, et que c'est *par l'ordre de* M. de Calvimont que M. Aumassip a agi.)

Dans sa réponse, M. de Calvimont, sortant un peu de sa réserve, a eu l'imprudence de m'apprendre qu'il était disposé à provoquer la création d'un nouveau journal, et à souscrire pour 1,000 francs. Et j'ai eu cette triste conviction que M. de Calvimont, *ordonnant à* l'Écho *de garder le silence, s'autorisait de ce silence pour dire que l'Écho était hostile et à lui et au Gouvernement.* Je commence à m'expliquer la guerre par trop vive qu'il a faite à M. Vien, et les fréquentes conférences de M. de Calvimont avec G., qui ne quitte pas la préfecture.

Enfin, et pour vous faire connaître le résultat de notre conversation, M. de Calvimont, mis en demeure d'accepter la responsabilité de la lettre de M. Aumassip, a retiré les injonctions contenues dans cette lettre, A PERMIS à l'*Echo de publier des articles*, et l'a dispensé de la formalité consistant à soumettre les épreuves à son visa.

Conclusion : Si M. de Calvimont a pu, de lui-même, et sans en référer au ministère, revenir sur l'ordre qu'il nous avait fait donner par M. Aumassip, les instructions ministérielles n'étaient donc pas si formelles qu'il nous l'avait dit d'abord.

Voilà quant à ce qui regarde M. de Calvimont.

Pour ce qui est de l'*Echo*, il aura chaque jour un article de fond. Rapportez-vous-en à ma prudence au sujet de l'esprit des articles. Vous connaissez ma manière de voir. *Il faut défendre le Président ; il faut consolider son autorité, parce que lui seul peut sauver la France, et que, sans lui, nous tomberions dans le socialisme.*

Nous nous sommes séparés, M. de Calvimont et moi, *dans les meilleurs termes ;* j'ai reçu de lui force poignées de main ; mais il en était ainsi hier et ces jours derniers ; *les blancs sont toujours blancs,* vous disais-je hier ; je le répète aujourd'hui, après ma conversation avec M. de Calvimont, qui m'a paru se trouver dans la situation de ces *fonctionnaires suspectés, forcés de faire du zèle pour faire croire à un dévouement absent.*

M. Dameron, présent à notre entretien, doit vous écrire quelques mots à ce sujet, m'a-t-il dit. J'attends sa lettre pour fermer la mienne.

Votre père se porte bien.....

J'oubliais de vous dire que le procureur de la République s'est trouvé présent au moment où M. de Calvimont *a fait la concession,* ce qui a visiblement contrarié ce dernier. M. de Calvimont m'a bien recommandé de ne pas imprimer *dans l'Echo qu'il était revenu sur la mesure.*

Lettre du neveu de M. Paul Dupont.

(Pièce n° 28.)   Même jour.

Massoubre et moi sommes allés devers le préfet. Il est arrêté que Massoubre *fera des articles dans l'intérêt de Louis-Napoléon.* Calvimont consent à ne pas voir les épreuves il s'en rapporte à la loyauté de Massoubre. Ce dernier a été roide avec le préfet. Celui-ci *m'a dit vous avoir écrit.* Ne soyez pas ému de sa lettre.

Si M. Vien revient pour écrire dans l'*Echo,* Calvimont rétablira la censure. Il n'a aucune confiance en lui.

Dameron.

Ainsi, M. de Calvimont n'a pas même eu le courage de soutenir la mesure dont l'*Echo* avait été victime et dont son rédacteur se plaignait avec raison. Il rejette la faute sur un conseiller de préfecture, et affirme qu'il n'aurait pas agi ainsi, tandis que les renseignements du rédacteur le portent à croire que c'est sur l'ordre du préfet, que la lettre d'interdiction a été écrite et signée.

Enfin, ce n'est point de son propre mouvement que M. de Calvimont lève l'interdiction qui pesait sur l'*Echo ;* mais sur la réclamation énergique du rédacteur, et la menace d'en appeler à l'opinion publique. S'il se décide à permettre au journal de publier des articles de fond c'est que la concession lui *est arrachée.*

C'est donc le 11 que l'interdiction est levée.

Eh bien ! croirait-on que, ce MÊME JOUR, le Préfet s'empresse de m'écrire, pour se plaindre du silence et du peu d'appui que ce journal lui prête et faire parade de son zèle ! ! !

Voici cette étrange lettre :

Lettre de M. de Calvimont à M. Paul Dupont, à Paris.

(Pièce n° 29.)   Périgueux, 11 décembre 1852.

Mon cher ami,

Ma position est singulière, en ce moment, vis-à-vis de l'*Echo de Vésone.* J'ai été obligé de supprimer une protestation faite contre les mesures exceptionnelles prises par le Gouvernement contre la presse.

L'*Echo* a paru hier en placard ; aujourd'hui il paraît en feuille double, mais rien que des nouvelles. C'est tout simplement ce que ferait le *National* dans la même situation. Voyez si cela doit durer, parce qu'il me faut un organe qui soutienne le mouvement de salut et non pas un auxiliaire qui se déclare hostile, parce qu'il y a du danger.

Dans les situations comme celle-ci, il faut avoir le courage d'être honnête homme et de dire que les bandits de Béziers, Clamecy et de tous les pays sont des monstres, et ne pas se borner à raconter les faits en laissant douter si on les approuve ou si on le condamne.

Je veux bien risquer ma tête, et, Dieu merci ! je l'ai prouvé, pour sauver le département que j'administre ; mais je n'admets pas qu'on se mette derrière un mur pour voir, à couvert, si les balles m'atteignent ou me respectent.

Qui n'est pas avec moi, quand il s'agit de faire respecter l'ordre, est contre moi. Il n'y a pas de milieu.

Les amis de l'*Echo* sont indignés de cette attitude nouvelle. Mon salon, hier, n'a entendu que des reproches et le blâme le plus sévère pour cette façon d'agir.

Je ne vous demande pas d'encenser le Gouvernement ; je vous demande d'être juste ; je demande à vos délégués d'être bons citoyens ; je demande enfin que l'*Echo* soutienne l'élection du 20 décembre. Vous n'espérez pas sans doute devenir le journal officiel de la république de M. Barbès, représentée à Périgueux par Carcassonne et Vergniars ?

Je suis convaincu que l'allure fausse, sans dignité et surtout sans courage de l'*Echo de Vésone* ne vient pas de votre inspiration.

J'attends un mot de vous pour prendre un parti sérieux.

Tout à vous.

DE CALVIMONT.

Le Préfet écrivait en même temps et à peu près dans les mêmes termes à M. Magne. Afin de faire croire à son protecteur qu'il était plus dévoué que le journal napoléonien, il pousse la duplicité jusqu'à accuser l'*Écho* d'un silence *qu'il avait lui-même commandé.*

Telle est l'étrange comédie jouée par M. de Calvimont! C'est là sans doute une grande habileté, mais est-elle digne du premier fonctionnaire du département?

Cette lettre m'arriva avant celle du rédacteur en chef. Elle avait une telle apparence de bonne foi et de zèle éploré, que j'y fus trompé moi-même. Jamais il ne serait entré dans ma pensée qu'on put inventer de telles machinations. Je m'empressai donc, par le même courrier, de répondre en protestant contre le silence de l'*Echo*.

---

(1) La date est surchargée par le chiffre 12 mais le chiffre 11 subsiste, et, comme elle est arrivée à Paris le 13, elle ne pouvait avoir été écrite que ce jour-là. C'est-à-dire, à l'issue de l'entretien avec MM. Massoubre et Dameron.

(Pièce n° 30.)   Paris, le 13 décembre 1851.

MON CHER PRÉFET,

L'*Echo* a tant fait pour Napoléon depuis un an que j'aurais considéré comme une chose
de mauvais goût de mettre aujourd'hui de l'exagération dans les éloges. Je ne pense pas
non plus qu'il soit convenable à un journal, appelé chaque jour à prêcher à tous l'exé-
cution des lois, de louer l'acte du 2 décembre, qui, en définitive, est une violation des lois.
Quant aux conséquences heureuses de cet acte pour les destinées de la France, il a toujours été dans ma pensée d'en démontrer au fur et à mesure, mais dans une sage pro-
portion, et avec une réserve qui seule me paraissait et me paraît encore pouvoir conserver
la grande influence dont jouit l'*Echo*. Ce n'est pas à vous que j'ai besoin de dire que
j'aime le Prince, et que je le veux servir; mais, pour le faire utilement, il est essentiel
que dans le département ce journal jouisse d'une certaine indépendance, sans laquelle ses
conseils n'auraient aucun poids.

Maintenant que vous avez retiré la censure, sous laquelle, je le répète, nous ne pou-
vions être utile, je suis persuadé que tout va bien marcher. L'élection du 20 décembre
est assurée; il n'y a rien à craindre pour le présent. L'avenir est moins rassurant. Alors
qu'une réaction en sens contraire se sera opérée, et que les oppositions surgiront de
toutes parts, pour entraver la marche du Gouvernement, l'*Echo*, par cela même qu'il
n'aura point aliéné son indépendance, rendra à cette époque les mêmes services qu'en
1848.

Nous poursuivons le même but, mon cher ami; nos idées sont les mêmes. Seulement,
votre position de préfet, dans un département en état de siége, doit nécessairement nous
faire différer sur les détails; mais qu'importe la forme lorsqu'on est d'accord sur le
fond. Il y a, d'ailleurs, un sujet sur lequel il ne peut exister aucune dissidence, c'est un
blâme énergique contre les actes atroces de brigandage commis dans quelques départements.

Paul DUPONT.

Ainsi, la perfidie de M. de Calvimont obtenait le succès le plus
complet, puisque j'étais moi-même abusé,

Cette lettre du 11 a été, il n'en faut point douter, un épisode préparé
d'avance, et en vue d'en faire plus tard une arme défensive. C'était
une occasion de produire avec éclat les protestations d'un dévouement qu'on n'avait que sur les lèvres.

Le Préfet a voulu tromper, en même temps que moi, ses amis eux-
mêmes; il a voulu surtout laisser dans leurs mains un document qui
pourrait être montré à un moment de danger, et qui les mit à même,
non-seulement de le sauver, mais encore de lui faire donner un brevet
de dévouement et de courage.

C'est le 11 que l'interdiction des articles est levée, grâce à la protestation du nouveau rédacteur. Dès le lendemain, l'*Écho* commence

une suite d'articles en faveur de la future élection du Président, et pas un seul jour pendant tout ce mois, et dans cette grave circonstance, il ne fait défaut au Gouvernement et à la société.

(Pièce nᵒ 50.)   *Écho*, 12 décembre 1851.

Il est impossible de ne pas reconnaître qu'un seul homme est en ce moment capable de sauver la société française : c'est le Président de la République.....

Le nom de Napoléon devient une seconde fois le boulevard de la société. Profitons-en, nous tous qui voulons le rétablissement de l'ordre, le respect des propriétés, le salut du pays ! Suivons cet instinct des masses qui les conduira le 20 décembre prochain à l'urne électorale, et qui est peut-être une révélation de Dieu.

Il ne peut y avoir maintenant qu'un seul parti en France : celui des honnêtes gens. Nous l'adjurons, au nom de la société, d'oublier les divisions qui ont pu exister dans son sein. Ce n'est pas le moment de récriminer, avons-nous déjà dit; il faut songer à l'avenir, chercher à le garantir contre de nouveaux malheurs. Nous ne voyons d'autre moyen, pour y parvenir, que d'accorder au Président de la République la prolongation de pouvoirs qu'il demande.

Que chacun prenne donc la résolution de se rendre au scrutin avec un bulletin affirmatif. Pas d'abstention ! Toute abstention serait coupable et ne se justifierait par aucun motif sérieux. Il faut que la majorité qui réélira le Président soit une majorité formidable. Plus elle sera grande, plus le pouvoir sera fort. C'est le résultat que nous voulons tous atteindre.

Le lendemain, l'*Écho de Vésone* revenait encore à la charge pour combattre les abstentions.

(Pièce nᵒ 32.)   *Écho*, 13 décembre 1851.

...... Dans ce duel suprême, où se décidera une question de vie ou de mort, nous n'admettons aucune place pour l'irrésolution. Il faut qu'on se prononce sans faiblesse, qu'on choisisse sans hésitation. Pourrait on hésiter lorsqu'il s'agit de son avenir, de celui de sa famille, de l'avenir de la France ?

Nous comprendrions, de la part de personnes aveuglées par la passion politique ou intéressées au renversement de l'ordre des choses actuel, un vote négatif. Ce que nous ne nous expliquerions pas, ce serait un vote d'abstention.

.... Nous espérons que la majorité qu'obtiendra le président de la République sera plus imposante encore que celle du 10 décembre 1848. Mais il faut qu'aucun citoyen ne manque à l'appel qui lui est fait. Tous, tant que nous sommes, nous contribuerons à grossir le chiffre de cette majorité. Nous aurons ainsi la satisfaction d'avoir rempli un devoir, et, comme l'a dit Louis-Napoléon, dans un de ses admirables discours, Dieu se chargera du reste.

Le lendemain, même insistance et même espoir de la part du rédacteur.

(Pièce n° 33.)   *Écho*, 15 décembre 1851.

.... Le gouvernement fort que nous désirons, il sortira de l'urne des 20 et 21 décembre. La nation, fatiguée de révolutions et avide de repos, le témoignera dans ces deux jours en répondant unanimement *oui* au plébiciste que lui soumet le président de la République, et cette manifestation solennelle ouvrira pour la France, nous en sommes convaincu, une ère de prospérité, de grandeur et de gloire.

L'élection du 20 décembre a lieu. Le prince Louis-Napoléon obtient dans le seul département de la Dordogne 112,784 voix. L'*Écho de Vésone* se félicite du résultat auquel il a contribué, et il l'annonce dans les termes suivants :

(Pièce n° 34.)   *Écho*, 27 décembre 1851.

Qui avait osé dire que le département de la Dordogne était infecté de socialisme, qu'il était un foyer de mauvaises passions, et que les trois quarts de ses habitants étaient autant de soldats abrutis de l'armée démagogique? On l'avait affirmé pendant deux ans. Depuis les tristes élections de 1849, on nous avait mis, en quelque sorte, au ban de la société; on nous avait classés au nombre de ces séides de la hideuse terreur, toujours armés, toujours menaçants, et dont les sauvages exploits viennent de glacer d'épouvante plusieurs contrées de notre belle patrie !

Non, non ! le département de la Dordogne n'est pas infecté de socialisme ! — Non, non! il n'est pas un foyer de mauvaises passions ! — Non, non ! ses pacifiques et intelligents habitants ne sont pas autant de soldats abrutis de l'armée démagogique !

Cent douze mille sept cent quatre-vingt-quatre citoyens se sont levés pour protester contre cette calomnie. A partir d'aujourd'hui, nous reprenons la place qui nous revient parmi les populations les plus saines et les mieux intentionnées de la France. Réjouissons-nous : le département de la Dordogne vient de recevoir un baptême dont il conservera longtemps la salutaire empreinte.

Réjouissons-nous donc d'avoir traversé sans encombre et sans malheurs la crise que vient de subir la patrie. Félicitons-nous de l'issue bienfaisante qui l'a terminée dans toute la France, et notamment dans le département de la Dordogne. On peut dire aujourd'hui avec assurance et bonheur : « Le pays est sauvé, sauvé de l'anarchie, sauvé par la seule expression de sa volonté. » Il est vrai que jamais manifestation plus éclatante de la pensée d'un grand peuple ne s'était produite avec autant d'ensemble et de spontanéité. Celle-ci assure pour longtemps à la France la paix et le repos ; elle lui ouvre la voie du progrès pacifique et des améliorations graduelles ; elle la relève aux yeux de l'Europe ; elle accroît sa force morale, et donne un nouveau prestige à sa dignité. Le département de la Dordogne a le droit de s'enorgueillir d'un pareil résultat, parce qu'il peut s'honorer d'y avoir puissamment contribué.

Et voilà le journal que le Préfet de la Dordogne persécute, qu'il accuse d'un refus de concours, et contre lequel il va susciter une feuille rivale. Mais avant de fonder cette nouvelle feuille, il y avait un dernier acte à jouer dans cette pitoyable comédie : c'était de se faire donner des éloges par le journal même qu'il persécutait sourdement depuis un mois et auquel il allait créer un concurrent. Voici comment il s'y prit pour réaliser cette œuvre difficile : .

. Il écrit au rédacteur en chef le billet suivant :

(Pièce nº 35.)

26 décembre 1851.

Mon cher Monsieur,

Si vous avez un moment dans la journée, et que vous puissiez venir me voir, vous m'obligerez beaucoup.

Mille amitiés.

A. DE CALVIMONT.

Dans cette entrevue, il feint d'apprendre qu'on l'a dénoncé, et la chose pouvait paraître assez probable, lorsqu'on songe que, pendant tout ce mois, il n'a rien fait pour éclairer l'opinion publique, et que ses deux proclamations les seuls actes de l'autorité préfectorale pendant le mois de décembre ne sont remarquables que par leur grande pâleur. Il vient donc, le cœur plein de crainte et de trouble, supplier l'*Écho* de le défendre.

Le moment de laver le passé est, du reste, fort heureusement choisi. Il n'y a plus rien à craindre. Le résultat des élections est connu : Louis-Napoléon a obtenu cent douze mille suffrages; reste seulement à faire oublier les hésitations, le silence coupable qu'on a gardé. Quel bon tour, d'ailleurs, à jouer à l'*Écho* dont il a supprimé la proclamation du 3 décembre que de se faire donner un brevet de dévouement par le journal même dont il a été le dénonciateur, et, qui mieux que personne, connaît et peut dévoiler ses hésitations !

Il parle également de sa situation à mon neveu, et voici en quels termes deux lettres successives me signalaient les éloges mendiés par le Préfet, sous prétexte qu'on allait lui ôter son pain.

(Pièce nº 36.)

Périgueux, 26 décembre 1851.

...... Le préfet a été dénoncé au ministre de l'intérieur : il a prié Massoubre de le faire mousser dans l'*Echo*.

DAMERON.

Le lendemain, le rédacteur de l'*Echo*, trompé complétement, m'expliquait, de son côté, les motifs qui l'avaient engagé à faire l'éloge du préfet.

(Pièce n° 37.)   Périgueux, 27 décembre 1851.

Je vous écris aujourd'hui pour vous apprendre que la position de M. de Calvimont est très-compromise. Je le tiens de lui-même, qui me l'a annoncé hier matin, en me priant de faire *quelques lignes dans l'Echo*, pour conjurer *l'orage qui le menace*. Je l'ai fait. Il paraît qu'il a été dénoncé au ministre de l'intérieur par quelqu'un de Périgueux dont il ignore le nom : on lui reproche de ne pas avoir fait *assez d'arrestations dans le parti socialiste*, de ne pas avoir suffisamment *oublié ses relations de légitimiste, etc.* M. de Morny lui a écrit une lettre à cheval, à laquelle il a répondu, m'a-t-il dit, *avec l'accent d'un honnête homme outragé*.

Je pense que M. Magne l'aidera beaucoup dans cette circonstance; qu'il considère comme périlleuse pour sa position.

Signé Massoubre.

Effectivement, le numéro du 27 contient, un article d'éloges inspirés en quelque sorte par le préfet lui-même, dans lequel on lui donne la *place d'honneur* et où ses *services*, son *courage*, sa *vigueur* sont hautement proclamés.

Sans doute ces éloges sont un des arguments dont on a dû se servir près de vous contre l'*Echo ;* mais qu'on n'oublie point qu'ils ont été demandés par le Préfet, pour conjurer *le soi-disant orage qui menaçait* sa position ; et que, dans de telles circonstances, ils perdent toute leur valeur.

Il y a d'ailleurs dans ce fait un véritable enseignement. Cette demande d'éloges est un démenti formel des attaques dirigées précédemment contre l'*Echo*. Ce journal n'est donc pas sans dignité et sans courage puisqu'on vient quêter ses éloges ! Il est donc *honnête* et influent puisque son patronage et sa seule adhésion peuvent suffire à soutenir la position ébranlée d'un Préfet !

La dernière scène de dissimulation est jouée. Le Préfet va pouvoir désormais lever le masque et poursuivre sans crainte l'*Echo ;* contre lequel toutes ses précautions sont prises. Ne l'a-t-il pas dénoncé dans des lettres qui pourront se retrouver au besoin ? N'a-t-il pas eu le soin de se mettre à l'abri de ses attaques par les éloges mêmes qu'il venait d'en obtenir ?

Il commence par encourager la fondation d'un nouveau journal, auquel il donne le titre de *Journal de la Préfecture*, et qu'il recommande comme tel aux maires et aux fonctionnaires. C'est à ce journal seul qu'il ouvre ses bureaux, qui seront à l'avenir fermés à l'*Echo*.

Le moment des élections arrive. Il y avait quatre noms désignés par la voix générale ; l'*Echo*, habitué à suivre l'opinion publique, n'hésite pas à les proclamer. Mais cette marche nette et franche ne convient point à M. de Calvimont, qui n'a obtenu la création d'un nouveau journal que par la promesse de faire nommer député un de ses fondateurs.

De là, une vive irritation qui se traduit par le rétablissement de la censure pour les épreuves de l'*Echo*, et par une sommation d'insérer le désaveu ci-après :

(Pièce nº 38.)   *Echo* du 5 février 1851.

L'Administration n'a nullement autorisé l'*Echo* à publier des noms de candidats au corps législatif.

Rien n'est encore arrêté par elle à ce sujet.

Les électeurs connaîtront prochainement les hommes que le Gouvernement se propose de recommander à leur attention et à leurs suffrages. Il a annoncé cette volonté loyale assez hautement, assez publiquement, pour qu'il se réserve le droit de faire savoir lui-même ses intentions, quand il croira le moment venu.

Les circonscriptions électorales données par l'*Echo* sont sans exactitude et basées sur des renseignements erronés.

Ce désaveu est inséré dans le numéro du 5 février ; mais les caractères employés n'ayant point paru *assez gros* à M. le Préfet de la Dordogne, il signifia, par huissier, l'ordre de réimprimer le lendemain ce même avis en caractères plus forts.

Or, deux ou trois jours s'étaient à peine écoulés, que le Préfet proclamait lui-même ces *quatre mêmes noms*, dans les termes suivants :

(Pièce nº 39.)   Samedi, 21 février 1852.

Le département connaît suffisamment ces quatre candidats. Il n'en est pas un seul dont le nom ne rappelle un souvenir honorable dans les assemblées législatives et les conseils du département. Nul n'a failli dans le rôle qu'il y tint, ou dérogé aux traditions qu'il représente. Personnellement, ou par leurs familles, ces candidats ont des droits indiscutables à l'estime, à la reconnaissance publique.

Le choix du Gouvernement est donc ce qu'il devait être : digne du pays et de lui.

De semblables contradictions ne pouvaient assurément rien ajouter à la force et à la considération de l'administration. Aussi l'*Echo* conserva-t-il dans cette circonstance, comme toujours, l'avantage sur la préfecture.

Mais d'où venait cette singulière conduite ? Uniquement du désir de persécuter l'*Echo* dans ma personne, et de faire échouer la candidature de celui qui seul, après la mort d'Auguste Dupont, pouvait soutenir cette feuille.

Il est vrai que j'avais toujours manifesté un grand éloignement pour la vie politique. Placé à la tête d'un établissement considérable d'imprimerie, occupé depuis trente années à améliorer le sort de nombreux ouvriers, en poursuivant la solution de ce grand problème d'économie sociale, qui consiste à maintenir une parfaite entente entre le maître et les travailleurs, j'avais repoussé toutes les offres qui m'avaient été faites jusqu'alors.

Parmi les personnes qui m'avaient le plus incité, et de vive voix, et par écrit, à accepter la candidature, était M. de Calvimont lui-même, que j'avais refusé comme les autres et qui néanmoins persistait en m'écrivant vers la fin de 1851 :

(Pièce n° 40.)   8 octobre 1851.

« Vous savez mes idées et celles de nos amis sur l'avenir. Plus j'y pense, plus je reste convaincu que le sacrifice vous est impossible à éviter. »

En dernier lieu, et quelques jours seulement avant l'élection au corps législatif, m'étant décidé à accepter le mandat de député, pour déférer aux vœux de mes amis, mon premier soin avait été de prévenir le Préfet de ma détermination :

(Pièce n° 41.)   1er février 1852.

Mon cher Préfet,

Je vous annonce que, cédant aux raisons et aux pressantes sollicitations qui me sont adressées, j'accepte la candidature à la députation de Périgueux.

Vous, qui aussi m'avez bien des fois sollicité, vous apprendrez, je n'en doute pas, avec plaisir, cette grave résolution que j'ai prise, non sans regrets, tant j'ai peu de goût, vous le savez, pour la vie politique.

Votre tout dévoué,

Paul DUPONT.

Il ne pouvait donc prétexter de son ignorance. Et cependant, il osait écrire au ministère, tout en reconnaissant que ma candidature aurait une grande chance de succès, que je *m'étais désisté*. La preuve de cette fausseté se trouve consignée dans la dépêche télégraphique elle-même qui donne au Préfet de la Dordogne un cruel démenti.

(Pièce n° 42.) — *Dépêche télégraphique.*   Paris, 14 février 1852, à midi et demi.

Le Ministre de l'intérieur au Préfet de la Dordogne.

M. Paul Dupont, que vous m'annoncez devoir se désister, ne se désiste pas, et puisque vous déclarez qu'il a le plus de chances, il est définitivement accepté comme candidat du Gouvernement.

Vos quatre candidats sont donc :

MM. Paul Dupont,
De Belleyme,
Taillefer,
Dusolier.

Annoncez-les officiellement, et faites appel à la sympathie des masses.

Mon nom sortit de l'urne avec une immense majorité ; mais, comme pour s'en venger, la guerre du Préfet continua plus acharnée que jamais. A partir de ce jour, son *Journal de la Préfecture* contient des attaques incessantes contre moi, contre mes nièces qui poursuivaient le meurtrier de leur père, et qu'on accuse méchamment d'hésiter à donner aux hospices les dommages-intérêts que la justice doit leur allouer.

Bientôt on en vient jusqu'à attaquer la vie si pure et si honorable d'Auguste Dupont, et on ose publier les lignes suivantes :

(Pièce n° 43.)   Juillet 1852.

Quand on a contribué, pendant vingt ans, à *gangrener* un des départements les plus honnêtes, les plus féconds en grands exemples de vrai, de sincère patriotisme, où chaque jour tant de nobles et d'antiques familles, une bourgeoisie opulente et éclairée, un clergé modèle de toutes les vertus, ont été obligés de lutter contre les progrès de *l'esprit de désordre, attisé et fomenté par des excitations révolutionnaires et d'injurieuses diatribes,* et qu'on est enfin réduit à l'impuissance de faire le mal, nous nous expliquons ce retour bruyant, sinon sincère, dans le giron gouvernemental. Malheureusement, on n'est plus dupe de ces conversions subites qui ne sont, le plus souvent, que des palinodies. Libre à l'*Echo*, etc.

Saisi d'indignation, je dus protester contre cet odieux article par la lettre suivante :

(Pièce n° 44.)   Paris, 22 juillet 1852.

Monsieur le Rédacteur,

Personne n'aurait pu croire, alors que la tombe d'Auguste Dupont est à peine fermée, qu'on oserait venir, sous les yeux de l'autorité, attaquer en ces termes, dans un obscur journal, l'œuvre à laquelle il avait consacré ses belles facultés.

Grâce au ciel, Auguste Dupont et son œuvre sont encore présents à l'esprit et au cœur de notre population, et, quels que soient les efforts des ennemis de sa mémoire, ils ne parviendront point à donner le change sur son caractère, ni à ternir du plus léger souffle sa réputation.

Auguste Dupont fut et restera un journaliste modèle ; l'homme de conviction et d'énergie, qui ne chercha jamais à faire triompher ses idées que par des voies pacifiques, par une libre et loyale discussion ; qui, au milieu même des luttes les plus vives, apportait un tel fond de bonne foi et de courtoisie chevaleresque, que ses adversaires, ceux-là mêmes qu'il avait combattus avec le plus de vigueur, l'estimaient et demeuraient ses amis.

Comme les esprits supérieurs, il prévoyait de loin les crises sociales qui devaient nous frapper ; et, pour en conjurer les dangers, il demandait des concessions aux divers partis. Le journalisme était pour lui comme une mission sainte qui suffisait à son ambition. Aussi, peut on dire qu'il est né et mort journaliste. Quant à son désintéressement, il était tel que, sans souci de ses intérêts et de sa fortune, il allait jusqu'à encourager les feuilles politiques qui essayaient de s'établir en concurrence à côté de lui, et tendre une main protectrice à ses jeunes confrères.

Voilà les belles et nobles qualités qui, se réflétant sur ses écrits, avaient fait, en quelque sorte, de l'*Echo de Vésone,* la première des feuilles de province ; celle que les journaux de Paris citaient chaque jour ; qui était parvenue à réunir le chiffre presque incroyable de 2,500 abonnés ; dont l'influence dans la Dordogne était si bien établie, si généralement reconnue (1), que tout projet de concurrence sérieuse était, de l'aveu même de l'autorité, condamné d'avance et d'une réalisation impossible (2).

Or, cette influence immense, incontestée, de l'*Echo de Vésone,* Auguste Dupont ne s'en servit, en 1848, que pour préserver des excès les plus graves Périgueux et le département ! Loin d'*attiser,* comme l'écrivent d'impuissants ennemis, *l'esprit de désordre et les excitations révolutionnaires,* il empêcha, par son sang-froid et son courage, d'irréparables malheurs ; ne cessa pas un seul jour de combattre pour l'ordre et la société menacés, et mourait courageusement sur la brèche en les défendant.

Telle est la noble vie qu'on tente aujourd'hui de flétrir ! En voyant d'où émanent de telles attaques, en songeant qu'elles sont écrites sous les yeux, sous la dictée peut-être d'hommes

---

(1) « L'*Echo* est l'avenir du département. » (*Lettre de M. de Calvimont, préfet, du* 27 *juillet* 1851.

(2) « ...... Si M. G*** voulait faire un journal comme vous me le dites, *je demanderais aussitôt à m'en aller.* Quant à l'*Echo,* je sais bien qu'il n'a rien à craindre d'un journal *avorté* du jour de sa naissance. » (*Lettre de M. de Calvimont, préfet,* 13 *novembre* 1851.)

qui se sont dits pendant longtemps les amis d'Auguste Dupont, et qui lui doivent une partie de leur fortune politique, on se demande si l'on doit s'indigner, ou s'il faut seulement plaindre des cœurs si complétement dépourvus de tous sentiments du juste et de l'honnête.

Agréez, etc.

Paul Dupont,
Député de la Dordogne.

Il n'y avait, dans cette grave circonstance, qu'une seule conduite à tenir par le Préfet : c'était de nier toute participation à l'article du *Périgord.* Celui, en effet, qui écrivait, à la mort d'Auguste Dupont, ces lignes si bien senties, pouvait-il, sans s'avilir, laisser outrager ainsi la mémoire de son ancien ami :

(Pièce n° 45.)   21 août 1850.

Mon cher ami,

C'est à peine si j'ai la force de vous écrire. L'horrible malheur qui vous frappe, *qui frappe le département,* tous les hommes de cœur et le malheureux père, m'a atteint pour ma part au plus profond de l'âme.

Auguste était mon ami, et quel ami! Depuis vingt-cinq ans! Le perdre ainsi, c'est le perdre deux fois. Ma douleur ne peut être distraite que par la haine profonde et sans trève que je jure à son meurtrier. Je le retrouverai un jour, s'il plaît à Dieu......

Mais, comme toujours, le sens moral avait manqué à M. de Calvimont. Il ne rêve qu'une chose, la perte de l'*Echo,* la ruine de tous les intérêts qui s'y rattachent; et pour atteindre ce but il ne recule point devant une mesure qui va porter un coup funeste à la seule propriété qui reste à la famille de son ancien ami. Il frappe l'*Echo* d'un avertissement, sous prétexte qu'il y a dans ma lettre, à l'égard de l'administration, un *oubli complet de toute convenance,* qu'il était du *devoir de l'autorité d'atteindre et de blâmer.*

Cet acte de brutalité du Préfet était sans excuse. N'était-ce point déconsidérer le député signataire de la lettre, que de lui infliger un blâme au nom de l'autorité?

N'était-ce point décourager les cœurs dévoués à la cause de l'ordre et à Louis-Napoléon, que de persécuter une feuille qui avait donné tant de preuves d'attachement à cette même cause, qui avait rendu et rendait encore tous les jours tant et de si bons services?

N'était-ce point aussi déconsidérer une loi, déjà bien assez sévère par elle-même, que de la faire servir à ses passions personnelles, en préparant ainsi la mort d'un journal utile, dont il s'était fait l'ennemi par des motifs tout autres que des motifs d'intérêt public?

En France, où il existe si peu de frein, il faut, pour que les lois soient respectées, en user avec sagesse et mesure. Celle du 17 février 1852 est une loi d'ordre public; plus elle est sévère, plus elle demande à être appliquée avec prudence et modération. Son but est de défendre la société contre les excès de la presse périodique, et non de garantir la susceptibilité plus ou moins chatouilleuse des préfets.

Il y avait d'ailleurs, comme je l'ai déjà dit, dans les circonstances qui m'avaient forcé à écrire cette protestation, une considération morale qui n'aurait point échappé à un administrateur habile et de sang-froid. Le sentiment qui pousse un homme à défendre l'honneur de sa famille a toujours un côté légitime qui doit être respecté, même lorsqu'il a dépassé les bornes, à plus forte raison s'il ne s'est écarté en rien des convenances.

On ne blesse pas impunément la morale publique. Aussi, la conduite du Préfet souleva-t-elle dans la Dordogne un sentiment général de réprobation.

Tel est, Monsieur le Ministre, l'exposé sincère et complet de ce qui s'est passé entre le Préfet de la Dordogne et l'*Echo de Vésone.*

J'espère qu'il ne laissera aucun doute dans votre esprit.

D'une part, vous voyez un journal puissant et considéré, usant de toute son influence pour rétablir l'ordre et modifier l'opinion jusqu'alors détestable du département; — pressentant et appelant l'acte nécessaire du 2 décembre; — préparant, ce jour-là même, une proclamation énergique; — publiant chaque jour d'excellents articles, tant que le Préfet n'y met pas d'empêchement; — enfin, avant comme après le 2 décembre, n'ayant pas varié un seul instant dans cette tâche toute de conviction et de dévouement.

De l'autre, vous trouvez un Préfet timoré, défendant, sous peine de la prison, d'imprimer la proclamation du 2 décembre; — poursuivant, jusqu'à ce qu'il fût renvoyé, un rédacteur en chef, coupable tout au plus de trop de zèle; — défendant à l'*Echo* d'écrire, et, pour cacher ses fautes, l'accusant du silence même qu'il avait ordonné; — sollicitant des éloges pour se ménager une justification de sa conduite; — levant ensuite le masque et créant une concurrence au journal dévoué; — lui refusant les communications officielles, les dépêches télégraphiques, les renseignements; — divisant bénévolement les hommes d'ordre du département; — poursuivant de ses calomnies l'*Echo*, la famille et la personne même de l'ancien propriétaire, qui avait été son ami ; — recourant jusqu'au mensonge pour empêcher le frère de celui-ci d'arriver à la députation, après l'en avoir, peu de jours auparavant, sollicité ; — Enfin, abusant d'une arme sévère, que la loi du 17 février 1852 mettait à sa disposition, pour préparer la perte de l'*Echo* qu'il frappe d'un avertissement.

Vous auriez peine à croire, Monsieur le Ministre, ce que cette conduite a soulevé de difficultés et d'embarras dans le département de la Dordogne, et tout ce qui a été mis en œuvre pour empêcher la vérité de venir jusqu'à vous.

Dans les élections du conseil municipal, comme dans celles du conseil général, le Préfet n'a recherché qu'une chose : faire nommer des gens qui pussent le défendre.

L'inscription extravagante du 15 août : *Dieu fit Napoléon et se reposa*, a eu pour unique but de faire croire à un zèle outré.

L'épée d'honneur, ridicule comédie, qui a excité la pitié de tous les hommes de sens, a été inventée.

La session du conseil général s'est passée, non à s'occuper des affaires du département, ni de celles de l'Empire, mais à consolider la position du Préfet, et il s'est trouvé un de ses membres assez complaisant pour le comparer à Napoléon lui-même (1)......

Mais je m'arrête, Monsieur le Ministre, car je ne veux point dépasser le but que je me suis proposé.

Je n'ai point à apprécier ici la conduite de M. de Calvimont en dehors de ses rapports avec l'*Echo*. C'est l'*Echo* dont je suis solidaire qui est accusé, c'est lui seul que j'avais à défendre ; et ma conscience me dit que je l'ai complétement justifié.

15 janvier 1853.

PAUL DUPONT.

Nota. Toutes les pièces justificatives citées dans la présente lettre sont à votre disposition.

(1) « Le 2 décembre de la France appartient à Napoléon.... Le 2 décembre de la Dordogne appartient à M. de Calvimont. » (Discours de M. Taillefer au nom du conseil général.)

Paris, imprimerie de Paul DUPONT, rue de Grenelle-Saint-Honoré, 45.

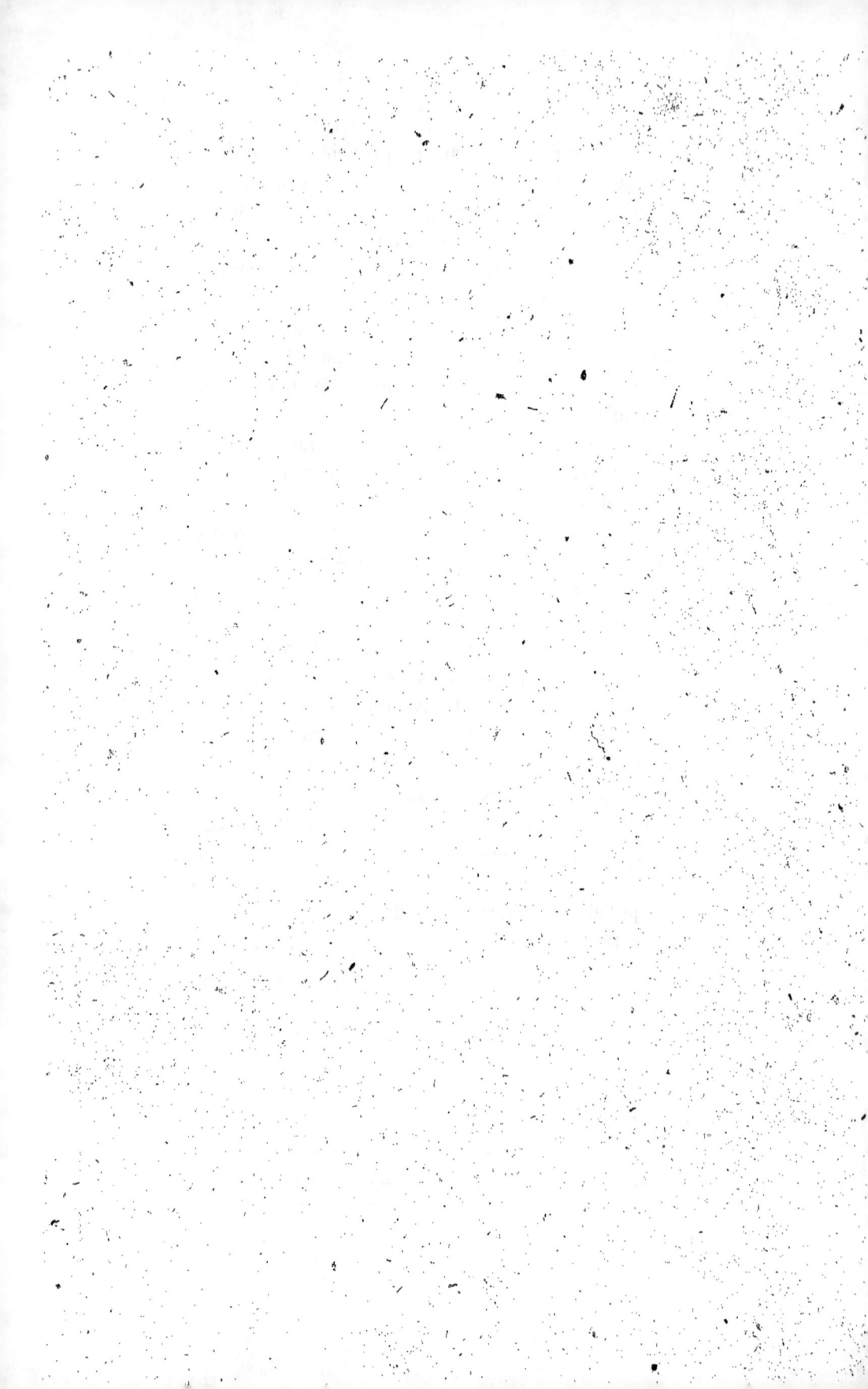

www.ingramcontent.com/pod-product-compliance
Lightning Source LLC
Chambersburg PA
CBHW070757220326
41520CB00053B/4521